ExLibris

Alle Informationen und Rezepte in diesem Buch wurden sorgfältig geprüft. Dennoch können weder die Autorin noch der Verlag für eventuell entstehende Schäden haften.

ISBN 978-3-8157-9691-7

Zweite überarbeitete Neuausgabe

Illustration und grafische Gestaltung: Daniela Lengers
Umschlaggestaltung: Barbara Behr
Fotos: S. 24, 29, 45, 68 www.pixelquelle.de

Printed in China
www.coppenrath.de

Barbro Garenfeld

Frohe Ostern!

Wissenswertes & Unterhaltsames
rund ums Osterfest

COPPENRATH

Inhalt

Johann Wolfgang von Goethe, Osterspaziergang 4

Vorwort 6

Die Wurzeln des Osterfestes 8

Joachim Ringelnatz, Ostern 10

Die Zahl 40 11

Der Ostertermin 12

Johann Gaudenz von Salis-Seewis, Märzlied 14

Die Fastenzeit 16

Westfälische Biersuppe 18

„Am Aschermittwoch ist alles vorbei…" 19

Annette von Droste-Hülshoff, Am Aschermittwoch 21

Der erste Fastensonntag 22

Laetare, der vierte Fastensonntag 24

Palmsonntag 26

Annette von Droste-Hülshoff, Am Palmsonntage 28

Eduard Mörike, Karwoche 30

Die letzte Woche vor Ostern 31

Volksgut, Die heilige Woche 34

Gründonnerstag 36

Grüne Kräutersoße 38

Spinatküchlein 39

Karfreitag 40

Wiener Fastensuppe 43

Karsamstag 44

Friedrich Güll, Osterhäslein 47
Griechisches Osterbrot 48
Russische Pas'cha 49
Osterfeuer 50
Ostersonntag 52
Das Osterlamm 54
Römische Lammkeule 55
Das Osterei 56
Joachim Ringelnatz, O Welt in einem Ei 60
Der Osterhase 61
Joachim Ringelnatz, Ostermärchen 62
Osterspiele 66
Osterwasser, Osterbrunnen und Osterbäumchen 68
Ostermontag 70
Karl Theodor Körner, Christi Erscheinung in Emmaus 71
Ostern in aller Welt 72

Osterspaziergang

VOM EISE BEFREIT sind Strom und Bäche
durch des Frühlings holden, belebenden Blick;
im Tale grünet Hoffnungsglück;
der alte Winter, in seiner Schwäche,
zog sich in raue Berge zurück.
Von dorther sendet er, fliehend, nur
ohnmächtige Schauer körnigen Eises
in Streifen über die grünende Flur;
aber die Sonne duldet kein Weißes:
Überall regt sich Bildung und Streben,
alles will sie mit Farben beleben;
doch an Blumen fehlt's im Revier,
sie nimmt geputzte Menschen dafür.
Kehre dich um, von diesen Höhen
nach der Stadt zurückzusehen.
Aus dem hohlen, finstern Tor
dringt ein buntes Gewimmel hervor.
Jeder sonnt sich heute so gern.
Sie feiern die Auferstehung des Herrn,
denn sie sind selber auferstanden,
aus niedriger Häuser dumpfen Gemächern,
aus Handwerks- und Gewerbesbanden,
aus dem Druck von Giebeln und Dächern,
aus der Straßen quetschender Enge,

aus der Kirchen ehrwürdiger Nacht
sind sie alle ans Licht gebracht.
Sieh nur, sieh! wie behend sich die Menge
durch die Gärten und Felder zerschlägt,
wie der Fluss in Breit und Länge
so manchen lustigen Nachen bewegt,
und bis zum Sinken überladen
entfernt sich dieser letzte Kahn.
Selbst von des Berges fernen Pfaden
blinken uns farbige Kleider an.
Ich höre schon des Dorfs Getümmel,
hier ist des Volkes wahrer Himmel,
zufrieden jauchzet Groß und Klein:
Hier bin ich Mensch, hier darf ich's sein!

Johann Wolfgang von Goethe

Vorwort

WAS FÄLLT IHNEN zuerst ein, wenn Sie an Ostern denken? Nun einmal Hand aufs Herz. Das Osterei? Oder der Frühling? Das Familienfest? Oder Christi Auferstehung?

Nicht alle Menschen wissen heute noch genau, warum sich die ganze Welt so auf Ostern freut. Der ursprüngliche Gedanke vom Neuanfang, vom christlichen Glauben an die Erneuerung der Welt, mag bei manchen gut verborgen schlummern. Aber auch für Menschen, die nicht mehr im christlichen Glauben verwurzelt sind, hält das Osterfest seinen Charme und seine Freude bereit.

Ostern fällt mit dem Erwachen der Natur zusammen. Die Sonne hat nach der Tagundnachtgleiche die Oberhand gewonnen. Mit ihrer Kraft erweckt sie die Natur zu neuem

Leben. Überall kann man Anzeichen von Wachstum und neuer Frische erkennen. Der Mensch ist nach den kurzen, dunklen Wintertagen mehr als bereit, einen Neuanfang zu wagen. Was nicht heißt, dass man sich nicht auch an Althergebrachtes, Traditionelles erinnert und manches wieder aufgreift. Gerade an Ostern begegnet man alten Bräuchen und Riten, die seit Jahrhunderten von Generation zu Generation weitergegeben werden. Die Akzente sind an den verschiedenen Orten vielleicht ein wenig unterschiedlich gesetzt, aber Ursprung und Botschaft sind weitgehend identisch. Das Heilsgeschehen steht im Mittelpunkt, bei den Christen, im jüdischen Passah-Fest wie im Mysterienfest des Alten Ägypten und dem Nouruz-Fest der Iraner.

Für die Christen ist Ostern das älteste und zugleich das höchste Kirchenfest. Es bildet den Mittelpunkt des Kirchenjahres. Jesus wurde für die Menschen ans Kreuz geschlagen, hat alle Qualen auf sich genommen um dann den Tod zu überwinden, aufzuerstehen und schließlich gen Himmel zu fahren. Weil Gott ihn zu neuem Leben erweckt hat, wird auch uns Erdenbürgern nach christlicher Überzeugung neues Leben geschenkt.

Die Wurzeln des Osterfestes

DAS CHRISTLICHE OSTERN ist heidnischen und jüdischen Ursprungs zugleich, wobei auch das jüdische Passah-Fest ebenfalls in heidnische Vorzeit zurückreicht. Mit dem Auszug der Israeliten aus Ägypten wurde es dann zu einem Fest der Heilsgeschichte.

Zu Anfang war Ostern ein heidnisches Frühlingsfest, wie es fast alle Völker feiern. Bei den einen richtet sich der Termin nach dem Mond, bei den anderen nach der Sonne. Bei den Westgoten war das Fest vermutlich der Frühlingsgöttin *Austrô* geweiht, deren Name auf den Osten verweist, den Ort der aufgehenden Sonne. In der christlichen Lehre leitet sich Ostern von Osten ab. Die Blicke der Frauen, die zuerst am leeren Grab Jesu standen, richteten sich nach Osten zum Sonnenaufgang, zur Morgenröte (lat. *aurora*), denn sie glaubten, Jesus komme von dort auf die Erde zurück. Deswegen wurden die Kirchenbauten nach Osten ausgerichtet.

Der Name Ostern hat sich in Deutschland und England (*Easter*) durchgesetzt. Der biblische Name *Passa(h)*, *Pascha* oder *Pessach* blieb in niederdeutschen Gegenden wie in der heutigen Kirchensprache erhalten. Auch in den romanischen Sprachen, zum Beispiel im französischen *Pâques*, sind diese Wurzeln noch zu erkennen.

Von dem angelsächsischen Geschichtsschreiber und Theologen Beda († 735) ist überliefert, dass der für den Monat

April verwendete altenglische Name *Eosturmonath* von einer Göttin abgeleitet sei, ähnlich der germanischen Licht- und Frühlingsgöttin *Ostara*.

Die Vermutung, der Name Ostern sei auf eine dieser Göttinnen zurückzuführen, steht heute eher in Frage. Ganz neue Forschungen verweisen auf eine falsche Übersetzung von *hebdomada in albis* (Woche der weißen Kleider), was sich auf die Täuflinge bezieht. Dabei soll *in albis* fälschlicherweise für den Plural von Morgenröte (*aurora*) gehalten und mit dem althochdeutschen *eostarum* übersetzt worden sein.

Wenn auch noch nicht ganz eindeutig gesichert ist, woher Ostern seinen Namen hat, so steht doch immerhin fest, dass es bereits in der ersten Hälfte des 2. Jahrhunderts gefeiert wurde und somit um einiges älter als Weihnachten ist.

OSTERN, Ostern, Auferstehn.
Lind und leis die Lüfte wehn.
Hell und froh die Glocken schallen:
Osterglück den Menschen allen!

Volksgut

Ostern

WENN DIE SCHOKOLADE keimt,
wenn nach langem Druck bei Dichterlingen
„Glockenklingen“ sich auf „Lenzesschwingen“
endlich reimt
und der Osterhase hinten auch schon presst,
dann kommt bald das Osterfest.

Und wenn wirklich dann mit Glockenklingen
Ostern naht auf Lenzesschwingen, –
dann mit jenen Dichterlingen
und mit deren jugendlichen Bräuten
draußen schwelgen mit berauschten Händen –
ach, das denk ich mir entsetzlich,
außerdem – unter Umständen –
ungesetzlich.

Aber morgens auf dem Frühstückstische
fünf, sechs, sieben flaumweich gelbe frische
Eier. Und dann ganz hineingekniet!
Ha! Da spürt man, wie die Frühlingswärme
durch geheime Gänge und Gedärme
in die Zukunft zieht
und wie dankbar wir für solchen Segen
sein müssen.
Ach, ich könnte alle Hennen küssen,
die so langgezogene Kugeln legen.

Joachim Ringelnatz

Die Zahl 40

IN DER BIBEL stößt man an vielen Stellen auf die Zahl 40. Sie ist die Symbolzahl für außerordentliche Gottesnähe, Erwartung, Vorbereitung, Buße und Fasten.

- Die Sintflut dauerte 40 Tage und Nächte.
- Das Volk des Alten Bundes ist 40 Jahre lang durch die Wüste gezogen um von Ägypten ins Gelobte Land zu gelangen.
- Moses verbrachte 40 Tage auf dem Berg Sinai um Gottes Gebote entgegenzunehmen.
- 40 Tage lang forderte der Philister Goliat das Volk Israels heraus, bis David ihm entgegentrat.
- Jonas predigte 40 Tage lang in der Stadt Ninive.
- 40 Tage lang fastete Jesus in der Wüste, widerstand dem Teufel und verkündete dann die Botschaft vom Reich Gottes.
- Nach seiner Auferstehung erschien Jesus 40 Tage lang seinen Jüngern. Dann fuhr er gen Himmel.

Und alljährlich bereiten sich die Gläubigen 40 Tage auf das Osterfest vor um Christi Tod und Auferstehung zu feiern und sich auf ihren Glauben zu besinnen.

Der Ostertermin

WARUM FINDET OSTERN nicht, ähnlich wie Weihnachten, immer am gleichen Tag des Jahres statt? Schließlich wurde Jesus sicher an einem bestimmten Tag gekreuzigt und ist drei Tage später wieder auferstanden. Allerdings wäre es dann schwierig, von Gründonnerstag, Karfreitag und Ostersonntag zu sprechen. Denn wenn das Datum immer dasselbe ist, muss der Wochentag wechseln. Aber nicht nur das ist ein Problem. Der Termin von Ostern richtet sich nach dem Mond. Hinzu kommt, dass die Menschen im Laufe der Jahrtausende neue Erkenntnisse über das Kalendarium gewonnen haben. Daraus entstanden unterschiedliche Meinungen bezüglich des Ostertermins, die nicht so leicht unter einen Hut zu bringen sind.

Selten kommt es vor, dass alle Christen, die evangelischen, die katholischen und die orthodoxen, einmal am selben Tag Ostern feiern. Zuletzt geschah dies im Jahr 2001, nämlich am 15. April. Im 20. Jahrhundert ergab es sich nur 26-mal, im 21. Jahrhundert werden es immerhin 31-mal sein.

Anscheinend ist es nicht so einfach, die kirchlichen, staatlichen und gesellschaftlichen Interessen in diesem Punkt zu vereinen. Kaiser Konstantin bemühte sich bereits im Jahr 325 auf dem Konzil von Nizäa darum, den so genannten Osterfeststreit zu schlichten. Nur ein Jahr hielt der Konsens, danach wurde der Ostertermin wieder zum Zankapfel der Christen.

Das Datum des Osterfestes geht zurück auf den jüdischen Zeit- und Festtagskalender. Ein Monat beginnt dort jeweils mit dem Tag des Neumondes. Der erste Monat nach Frühlingsanfang heißt Nisan. Am 14. Nisan, der ersten Vollmondnacht des ersten Monats des Jahres (nach dem babylonischen Mondkalender), wird das jüdische Passah-Fest zur Erinnerung an den Auszug der Kinder Israel aus Ägypten begangen. Die frühen Christen feierten die Auferstehung Christi nach dem jüdischen Passah-Fest, denn Jesus ist am dritten Tag nach Passah auferstanden.

Bis ins 2. Jahrhundert fand das christliche Osterfest dementsprechend am 14. Nisan – unabhängig vom Wochentag – statt. Eine christliche Minderheit in Kleinasien hält an dieser Terminierung bis heute fest. Kaiser Konstantin drang im Konzil von Nizäa darauf, Ostern auf den Sonntag festzulegen, der nach der Frühlingstagundnachtgleiche auf den Vollmond folgt. Die westliche Kirche verständigte sich nach der Einführung des Gregorianischen Kalenders darauf, Ostern an diesem Termin zu feiern. So ist Ostern auf die Zeitspanne vom 22. März bis zum 25. April begrenzt. In der Ostkirche richtet man sich allerdings nach dem Julianischen Kalender.

Märzlied

NUN, da Schnee und Eis zerflossen
und des Angers Rasen schwillt,
Knospen bersten, Blätter sprossen,
weht der Auferstehung Odem
durch das keimende Gefild.

Veilchen an den Wiesenbächen
lösen ihrer Schale Band;
Primelngold bedeckt die Flächen;
zarte Saatenspitzen stechen
aus den Furchen; gelber Krokus
schießt aus warmem Gartensand.

Alles fühlt erneutes Leben:
die Phalänen, die am Stamm
der gekerbten Eiche kleben,
Mücken, die im Reigen schweben,
Lerchen, hoch im Ätherglanze,
tief im Tal das junge Lamm!

Seht! erweckte Bienen schwärmen
um den frühen Mandelbaum;
froh des Sonnenscheins, erwärmen
sich die Greise; Kinder lärmen
spielend mit den Ostereiern
durch den weiß beblümten Raum.

Sprießt, ihr Keimchen aus den Zweigen,
sprießt aus Moos, das Gräber deckt!
Hoher Hoffnung Bild und Zeugen,
dass auch wir der Erd entsteigen,
wenn des ew'gen Frühlings Odem
uns zur Auferstehung weckt!

Johann Gaudenz von Salis-Seewis

Die Fastenzeit

MIT DEM ASCHERMITTWOCH, dem Mittwoch nach Karneval, beginnt im Kirchenjahr das 40-tägige Osterfasten, zu dem Fasten, Beten und das Geben von Almosen ebenso gehören wie die innere Einkehr, der Rückzug in gesellschaftlicher Hinsicht.

In katholischen Familien werden Feste und Feiern möglichst nicht in die Fastenzeit gelegt. Heutzutage wird die Zeit auch gerne zum Verzicht auf Alkohol und andere Genussmittel genutzt. Manches Fastenopfer wird mit einer Frühjahrskur verquickt – seien wir nicht zu streng mit der Ergründung der Motive. Sicher ist, dass ein bewusster Verzicht auf Konsum und überkommene Gewohnheiten in vielerlei Hinsicht einen Neuanfang einläutet, der Körper und Seele gut tut. Wer Fasten im weiteren Sinne versteht, sieht darin nicht eine bloße Kasteiung des Körpers, sondern eine Befreiung, eine Besinnung auf innere Werte und somit einen Ausdruck von Lebensfreude.

Im 4. Jahrhundert finden sich die Anfänge der Fastenzeit. Ziel war es, böse Geister auszutreiben und gute herbeizuholen. Zunächst gab es täglich nur eine Mahlzeit. Dabei verzichtete man auf Fleisch, Eier, Milch und Milchprodukte und natürlich auf Wein. Auch bei den Juden und in den Mysterienkulten war das Fasten nicht unbekannt. Die Römer und Griechen fasteten vorrangig aus gesundheitlichen Gründen.

Höhepunkte der christlichen Fastenzeit sind Karfreitag und Karsamstag, an denen manche Gläubige früher überhaupt keine Speisen zu sich nahmen. Als klassische Fastenspeisen gelten Gemüse- und Fischsuppen, Wein- und Biersuppen sowie Milchsuppe und Kaltschalen aller Art. Dazu gehören ebenso Brotspeisen und Aufläufe, Pfannkuchen sowie alle Gerichte und Breie aus Hülsenfrüchten, Milch- und Käsespeisen. Ein süßes Fastengericht sind bei uns zum Beispiel die Kartäuser Klöße, auch Arme Ritter genannt. In Schweden backt man große weiße Brötchen, *semla*, die mit Marzipan und Sahne gefüllt werden. In Russland gab es zur Rückkehr der Frühlingslerchen im März Vögel aus Brotteig.

Auch an Almosen soll es nicht fehlen. In der Schweiz werden Kutteln an die Armen gegeben, im Tessin wird auf dem Kirchplatz Risotto ausgeteilt. So achtet man nicht nur darauf, ein wenig auf den gewohnten Luxus zu verzichten, sondern auch an diejenigen zu denken, die übers ganze Jahr hinweg nicht genug haben.

Westfälische Biersuppe

½ l Milch, 1 Prise Salz,
1 Zimtstange oder ein paar Nelken,
60 g Zucker,
2 EL Speisestärke,
1 Ei, ½ l helles Bier

DIE MILCH mit Zimt, Salz und 4 EL Zucker aufkochen und mit der in wenig Wasser angerührten Speisestärke binden. Man kann auch statt der Zimtstange einige Nelken in einem Tee-Ei mitkochen lassen. Das Eigelb mit dem restlichen Zucker gut verrühren und mit dem Bier vermischen.

Diese Mischung nach und nach in die heiße Milch einrühren und gut erhitzen, aber nicht mehr kochen lassen. Die Zimtstange (bzw. die Nelken) entfernen.

Das Eiweiß mit 1 Msp Salz zu steifem Schnee schlagen. Mit einem Teelöffel kleine Klößchen abstechen und auf die heiße Suppe setzen. Zugedeckt etwa 5 Minuten ziehen lassen, bis die Klößchen fest sind. Dazu schmeckt geröstetes Weißbrot besonders gut.

„Am Aschermittwoch ist alles vorbei…“

…SINGEN DIE JECKEN im Kölner Karneval. Nach den tollen Tagen kehrt nun wieder Ruhe in die Stuben ein. Man bereitet sich auf das Osterfest in 40 Tagen vor. Die Narrenherrschaft ist vorbei, die Fastnacht wird begraben.

Nun beginnt die österliche Bußzeit. Nach alter Sitte verzichtet man an Aschermittwoch auf Fleisch und begnügt sich mit einer einzigen Mahlzeit. Im morgendlichen Gottesdienst wird den Gläubigen Asche „aufs Haupt gestreut“, meist wird ein Aschenkreuz auf die Stirn gemalt. Die Asche stammt von den verbrannten Palmzweigen des vorjährigen Palmsonntags. Der Mensch macht sich bereit zu Buße und Umkehr.

Feuer und Asche sind die Symbole dieses Tages. Das Feuer steht für die Sonne, die den Nebel besiegt. Durch das Verbrennen der Strohpuppe (Winter) wird die Überwindung des Todes versinnbildlicht. Die Asche ist das Symbol der Vergänglichkeit, ein Memento mori: „Bedenke, Mensch, dass du Staub bist und wieder zum Staube zurückkehren wirst, aber bestimmt zur Auferstehung in das ewige Leben!“

Bis ins 16. Jahrhundert war dieser Bußtag ein Höhepunkt der erst am darauffolgenden Sonntag beendeten Fastnacht. Dazu gehörten besondere Bräuche wie die Umkehr der Machtverhältnisse zwischen Obrigkeiten und Untertanen oder Männern und Frauen. Auch Reinigungsrituale wie Rügegerichte und Scherzstrafen entsprachen im kirchlichen Sinn diesem Tag.

Der Aschermittwoch hat viele Namen. Nach den typischen Fastenspeisen benannt, heißt er mancherorts „Heringstag“ oder „Kücheltag“. In vielen Familien gibt es noch heute einen besonderen Heringstopf oder ein Büfett mit verschieden eingelegten Heringssorten. In Baden servierte man Frösche- und Schneckengerichte, zu denen sich die Übernächtigten aus der Fasenacht treffen. Brauereien bieten zur Fastenzeit ein gesondert gebrautes Fastenbier, ein Starkbier, an. Um dies anzukündigen hängen die Wirte grüne Girlanden aus. Einige Aschermittwochsstreiche machen den Tag auch zum „Pfeffertag“. Da werden in manchen Gegenden die Langschläfer mit grünen Ruten aus dem Bett ge„pfeffert“ oder die Paten und Eltern mit ein paar Streichen aufgefordert die letzten Faschingsbrezeln oder Faschingskrapfen herauszugeben.

Im Harz und in Mecklenburg-Vorpommern verteilen die Kinder mit geschmückten Birkenreisern Segensstreiche und werden mit Brezeln oder heißen Wecken belohnt. In Norddeutschland sind es Wacholder- und Fichtenzweige, so genannte Fuen, mit denen sich die Kinder Äpfel, Birnen oder Pfannkuchen, die Jugendlichen eher Wurst, Schinken und Brot erkaufen.

1953 ist der politische Aschermittwoch ins Leben gerufen worden. Seitdem rechnen die politischen Parteien am Tag nach Karneval mit ihren Gegnern ab. Allerdings hat man dabei wohl den eigentlichen Sinn dieses Tages vergessen. Ursprünglich dient der Aschermittwoch dazu, sich auf seine eigenen Versäumnisse zu besinnen.

Am Aschermittwoch

Auf meiner Stirn dies Kreuz
von Asche grau!
O schnöder Lebensreiz,
wie bist du schlau
uns zu betrügen!
Mit Farben, hell und bunt,
mit Weiß und Rot
deckst du des Moders Grund;
dann kommt der Tod
und straft dich Lügen.

Annette von Droste-Hülshoff

Der erste Fastensonntag

„INVOCABIT" heißt der erste Sonntag nach Aschermittwoch, nach dem Eingangsgebet „*Invocabit me*, er wird mich anrufen". Weil in Rom die an Ostern zu taufenden Erwachsenen an diesem Tag zum ersten Mal ihre weißen Taufkleider angezogen haben, heißt er auch „Weißer Sonntag".

Am „Funkensonntag", so der Volksmund, wurden Feuer angezündet und Fackeln über die Felder getragen um die Fruchtbarkeit zu wecken. Bei diesem „Saatgang" setzten die Alten ihre Hoffnung auf die Jungen wie auf die sich erneuernde Natur. Am „Hüttensonntag" in der Eifel wurde eine Strohpuppe auf einer Hütte aus Stroh angezündet, die am Vortag auf einem Hügel gebaut worden war. Ein gefährliches Unterfangen!

In Westfalen flocht man für die Nachbarn einen „Funkenkranz" aus Efeu, den diese übers Herdfeuer hängten. Zum Dank hat man die jungen Mädchen mit Wasser bespritzt, was auf einen alten Fruchtbarkeitszauber hinweist. Der Besinnung und Besserung diente das „Scheibenschlagen", wobei junge Männer Holzbretter (Scheiben) an Stangen gesteckt, im Feuer angeglüht und anschließend ins Tal geworfen oder gerollt haben. Lob- oder Spottverse, die bestimmten Mitmenschen gewidmet waren und sie zur Läuterung bewegen sollten, begleiteten dieses Tun. Im März 1090 soll dieses Vorgehen das hessische Kloster Lorsch in Brand gesetzt haben.

In der Schweiz wurde Jungvermählten, die ein Licht ins Fenster gestellt hatten, von bunt Verkleideten ein Ständchen gebracht. In Böhmen hängte der Fuchs Brezeln in die Bäume.

Natürlich gibt es auch besondere Speisen für den ersten Fastensonntag. Mancherorts wird ein Gericht aus getrockneten Birnen gereicht, weshalb man den Tag auch „Hutzelsonntag“ nennt. In den Niederlanden heißt er „Käse-“ oder „Brotsonntag“, weil es Brauch ist, an diesem Tag siebenerlei Sorten Brot und Käse zu essen – dazu tut man sich mit Nachbarn, Verwandten oder Freunden zusammen. Anderswo gibt es Funkenküchle oder Funkenringe, in Österreich werden Honigkuchen in Butter gebacken. Die Schweizer kennen ein Gericht aus gebackenen Schnitten, das dem Armen Ritter aus Deutschland ähnelt.

Die Brezel ist ein typisches Gebäck der Fastenzeit. Ihre Form wird vielfältig ausgelegt. So soll sie die Fesseln Jesu symbolisieren, nach einer anderen Version ist der Name vom lateinischen *bracchium* (Unterarm) abgeleitet und bedeutet verschlungene Arme. Seit dem 10. Jahrhundert ist bezeugt, dass Brezeln in Klöstern während der Fastenzeit an Kinder und Arme verteilt wurden. Dem Volksglauben gemäß bringen Brezeln Glück und Gesundheit. Wer sie am Karfreitag isst, soll das Jahr hindurch vor Fieber geschützt sein.

Laetare, der vierte Fastensonntag

DEM LATEINISCHEN ERÖFFNUNGSVERS *„Laetare Jerusalem*, freu dich, Jerusalem“ verdankt der vierte Fastensonntag seinen Namen. In der Mitte der Fastenzeit gelegen, wird er auch „Mitt-“ oder „Halbfastensonntag“ genannt und markiert einen Wendepunkt. Von nun an richtet sich das Augenmerk auf das freudige Ereignis des nahenden Osterfestes.

In Rom heißt der Tag auch „Rosensonntag“. Bis 1967 war es Brauch, dass der Papst eine goldene Rose weihte und damit die bevorstehende Passions- und Osterzeit ankündigte. Die Rose mit ihren Dornen ist ein Symbol für die Passion und Auferstehung Christi.

Vielerorts finden heute noch Umzüge oder Spiele statt, die das Austreiben und „Austragen“ des Todes ebenso zum Thema haben wie das Einholen des Sommers. Daher erklären sich so widersprüchliche Bezeichnungen wie „Schwarzer Sonntag“ oder „Totensonntag“ neben solchen wie „Sommertag“ für ein und denselben Tag. Beim „Todaustragen“, das bereits im 14. Jahrhundert belegt ist, wird eine Strohpuppe durch den Ort getragen und dann ertränkt, erhängt, gesteinigt, verbrannt oder begraben.

Die Puppe, die ursprünglich Tod, Krankheit und alles Böse symbolisierte, stand später für den Winter, den es zu verjagen galt. Beim „Winteraustreiben", einem Spiel von Kindern und Jugendlichen, wird einer per Los zum Winter gekürt, den die anderen Mitspieler dann mit segensreichen Lebensruten, etwa grünen Zweigen, zum Dorf hinaustreiben. Beim „Totenfangen", das direkt nach dem Winterverbrennen gespielt wird, laufen die Kinder davon, als sei der Tod hinter ihnen her, ein Spiel, das es auch heute noch gibt:

Schwarzer Mann: „Wer hat Angst vorm Schwarzen Mann?"
Kinder: „Niemand!"
Schwarzer Mann: „Und wenn er aber kommt?"
Kinder: „Dann laufen wir davon!"

Der Zwist zwischen Winter und Sommer wird in Österreich in Form eines strengen Gerichts ausgefochten. In der Schweiz stellt man den Sommer mit einem schönen Baum dar, der mit goldenen Früchten und Nüssen, Bildern, Schleifen und Bändern geschmückt wird. Um sechs Uhr läutet in Zürich zum ersten Mal wieder die Abendglocke. Das Sechseläuten deutet an, dass die Tage nun wieder länger sind.

In England wird am „Mothering Day" mit besonderem Dank an die Mutter Kirche gedacht.

Palmsonntag

SEIT DEM 6. JAHRHUNDERT wird Palmsonntag gefeiert. Er erinnert an Christi Einzug in Jerusalem, bei dem die Menge ihm zujubelte und Palmzweige schwenkte.

Bei uns gibt es den Palmsonntagsbrauch seit dem 9. Jahrhundert. Er ist, obwohl von der Reformation bekämpft, auch in protestantischen Gegenden, besonders in Süddeutschland, noch heute üblich. Die eigentlichen Palmzweige sind Palmen- oder Ölzweige. Die Palmen sind das Zeichen für den König, die Ölzweige für den Frieden, den dieser König bringt. Die „Palmbuschen", die heute in die Kirche getragen werden, reichen von kleinen Handsträußen über Palmbäumchen bis zu meterlangen Palmstecken, die nicht nur mit Grün, sondern auch mit Früchten und Seidenbändern geschmückt sein können. Dazu kommen Holzkreuze, Gebildbrote, Eier, Kerzen, von denen manche die Initialen AM für *Ave Maria* tragen. Das Grün ist regional verschieden: Buchsbaum, Palmkätzchen, Stechpalme, Wacholder, Tanne, Efeu oder andere kleinblättrige Zweige.

Der in der Kirche geweihte Palmbuschen wird zu Hause im Garten oder vor der Haustür aufgestellt oder an einem Kruzifix, Heiligenbild oder Spiegel festgemacht. Unter dem Dach oder am First befestigt, soll er Haus und Hof Schutz und Segen bringen und vor Unglück und Krankheit bewahren. Im oberschwäbischen Zwiefalten werden seit 1593 in einer Prozession 200 Palmen getragen, die größten davon, über drei Meter hoch, sind mit jeweils bis zu 800 Eiern geschmückt. Die Palmstöcke in Norddeutschland sind schlichter gehalten. Buchsbaumzweige werden als Büschel auf die Spitze eines Stockes gesetzt, der selbst auch noch verziert oder mit Bändern geschmückt ist. Früher zogen die Kinder dort durchs Dorf und sangen auf Plattdeutsch:

PALM, PALMEN, PROSKEN, loot de Kuckuck krosken,
loot de Kinner springen, loot de Wichter singen,
loot de Jungs no de School hengohn,
loot de düftig wat leeren,
dann wäd't ook groote Heeren.

Die Palmzweige wurden von vielen Bauern an die Ecken der Felder gesteckt um vor Ungeziefer und Unkraut zu schützen und die Ernte zu fördern. Aus dem Mittelalter sind Palmprozessionen bekannt, bei denen ein hölzerner oder lebender Esel eine Christusfigur oder stellvertretend einen Geistlichen trug. Im niederbayerischen Kößlar hat die Palmprozession mit Esel bis heute Tradition. Am Palmsonntag oder Gründonnerstag ist es Brauch, Palmkätzchen oder Forsythienzweige in die Vase zu stellen um sie am Karsamstag mit Eiern zu schmücken.

Am Palmsonntage

DER MORGENTAU will steigen!
Sind denn die Palmen grün?
Auf, lasst mit hellen Zweigen
uns ihm entgegenziehn!
Er will in unser Haus,
in unsre Kammern kommen;
schon ziehen rings die Frommen
mit Lobgesang heraus.

Ich kann nicht mit euch gehen,
mir ist der Odem schwer;
die Kreuzesfahnen wehen,
ich folge nimmermehr.
Wie wird so klar die Luft!
O Jesu, süße Helle,
du kömmst in meine Zelle,
in meine Modergruft!

Was soll ich dir bereiten,
du wunderlieber Gast?
Ich möchte dich verleiten
zu langer Liebesrast.
Wohlan, ich schmücke dich,
will dich mit Blumen binden;
du sollst dich nicht entwinden,
das weiß ich sicherlich.

Aus deiner Mutter Rechten
will ich um deinen Fuß
die reine Lilie flechten
mit demutsvollem Gruß.
Dass ich dich fessle ganz
mit Liebesblumenringen,
will um dein Haupt ich schlingen
den heil'gen Rosenkranz.

Den Boden will ich streuen
mit Palmen ganz und gar,
mein Leiden dir zu weihen:
Was ich in diesem Jahr
oft still, oft schwerer trug,
es liegt zu deinen Füßen,
es soll mich nicht verdrießen,
dein Will ist mir genug!

Wie soll ich mich doch finden
in deine Liebesmacht,
dass du an meine Sünden
so gar nicht hast gedacht!
Ich lasse nicht von dir,
musst du gleich wieder scheiden:
Ich fühl es wohl in Freuden,
du kommst noch oft zu mir.

Annette von Droste-Hülshoff

Karwoche

O WOCHE, Zeugin heiliger Beschwerde!
Du stimmst so ernst zu dieser Frühlingswonne,
du breitest im verjüngten Strahl der Sonne
des Kreuzes Schatten auf die lichte Erde.

Und senkest schweigend eine Flöre nieder;
der Frühling darf indessen immer keimen,
das Veilchen duftet unter Blütenbäumen
und alle Vöglein singen Jubellieder.

O schweigt, ihr Vöglein auf den grünen Auen!
Es hallen rings die dumpfen Glockenklänge,
die Engel singen leise Grabgesänge;
o still, ihr Vöglein hoch im Himmelblauen!

Ihr Veilchen kränzt heut keine Lockenhaare!
Euch pflückt mein frommes Kind zum dunkeln Strauße,
ihr wandert mit zum Muttergotteshause,
da sollt ihr welken auf des Herrn Altare.

Ach dort, von Trauermelodien trunken
und süß betäubt von schweren Weihrauchdüften,
sucht sie den Bräutigam in Todesgrüften,
und Lieb und Frühling, alles ist versunken.

Eduard Mörike

Die letzte Woche vor Ostern

EINE WOCHE VOR OSTERN, an Palmsonntag, beginnt die Karwoche, die mit den drei Passionstagen Gründonnerstag, Karfreitag und Karsamstag, dem österlichen Triduum, endet. Der Name Karwoche leitet sich vom althochdeutschen *chara* oder *kara* (Wehklage, Kummer, Trauer) ab. Deshalb heißt sie auch „Klage-" oder „Trauerwoche", ebenso wie „Passionswoche", „Heilige", „Hohe", „Große" oder „Stille Woche".

Die Karwoche kennt man seit etwa 400 n. Chr. In katholischen Gegenden verstummen am Gründonnerstag die Kirchenglocken und erklingen erst wieder in der Osternacht. Zwischenzeitlich werden die Gottesdienste und Tageszeiten in manchen südlichen Gegenden auch heute noch mit Klappern oder Ratschen angekündigt.

Die Bibel berichtet von folgenden Ereignissen in der Karwoche:

Palmsonntag	Christi Einzug in Jerusalem
Karmontag	Reinigung des Tempels
Kardienstag	Ölbergapokalypse (Markus, Kap. 13)
Karmittwoch	Verrat des Judas Ischariot
Gründonnerstag	Fußwaschung und Abendmahl
Karfreitag	Gethsemane, Judaskuss, Christi Gefangennahme, Kreuzigung und Grablegung
Karsamstag	Christus im Reich der Toten.

Überall auf der Welt sind Bräuche und Rituale erhalten um die Karwoche würdig zu begehen. In Spanien zum Beispiel finden während der *Semana Santa*, der Heiligen Woche, aufwändige Prozessionen statt. Zum Ausdruck der Trauer werden Kreuze und Statuen mit schwarzen Schleiern verhängt und *pasos*, menschengroße geschnitzte Figuren und Figurengruppen, durch die Stadt getragen. In den *pasos* finden die Leidensstationen Christi ihren Ausdruck. Unter den zahllosen Trauerumzügen beeindruckt der in Sevilla am meisten. Vermummte Büßergestalten mit spitzen, hohen Kapuzen begleiten den Zug. Anderenorts werden Passionsspiele aufgeführt, die das Leiden Christi in Szene setzen. In Katalonien werden die Geschehnisse von den Dorfbewohnern so lebensnah aufgeführt, dass schon mancher Laien-Christus die Geißelung schmerzhaft durchleiden musste.

Im späten Mittelalter kamen vor allem auch im deutschsprachigen Raum der Alpenländer die Passionsspiele auf, die ursprünglich in Latein, später in der jeweiligen Volkssprache verfasst waren. Sie wurden in oder vor Kirchen unter Beteiligung hunderter Laienschauspieler aufgeführt. Nach ihrem Untergang im Zuge von Reformation und Aufklärung blühten sie besonders im 17. und 18. Jahrhundert wieder auf um dann 1770 allgemein verboten zu werden. Nur wenige haben bis heute überlebt.

Am berühmtesten ist wohl das Oberammergauer Passionsspiel, das mit der Auflage, nur alle zehn Jahre gespielt zu werden, vom Passionsverbot ausgenommen wurde. Die Aufführung dauert einen ganzen Tag lang und zeigt die Passion Christi vom Einzug in Jerusalem bis zur Auferstehung. Um den Besucherstrom zu regeln werden die Passionsspiele heute von Mai bis Oktober vor über einer halben Million Zuschauer aus aller Welt abgehalten. Früher wurde jeweils nur einmal gespielt.

In der Karwoche und vor allem an Karfreitag finden auch die großen musikalischen Passionsaufführungen statt. Mit den Gregorianischen Gesängen entstanden bereits im Mittelalter erste Vertonungen der Passion. So wurden bei den Gottesdiensten in der Karwoche die Leiden Christi dramatisch dargestellt. Ab dem 16. Jahrhundert gab es Kompositionen, etwa von Orlando di Lasso (1532–1594), in denen der ganze Passionsbericht aus dem Evangelium gesungen wurde. Seit dem 17. Jahrhundert entstanden dramatische Oratorien von Komponisten wie Heinrich Schütz (1585–1672) und vor allem Johann Sebastian Bach (1685–1750). Der zeitgenössische Komponist Krzysztof Penderecki (*1933) hat diese Tradition mit seiner „Lukas-Passion" von 1966 wieder aufgenommen.

Die Heilige Woche

ALS JESUS von seiner Mutter ging
und die große, heilige Woch anfing,
da hatte Maria viel Herzeleid,
sie fragte den Sohn mit Traurigkeit:

„Ach Sohn, du liebster Jesu mein,
was wirst du am heiligen Sonntag sein?"
„Am Sonntag werd ich ein König sein,
da wird man mir Kleider und Palmen streun."

„Ach Sohn, du liebster Jesu mein,
was wirst du am heiligen Montag sein?"
„Am Montag bin ich ein Wandersmann,
der nirgends ein Obdach finden kann."

„Ach Sohn, du liebster Jesu mein,
was wirst du am heiligen Dienstag sein?"
„Am Dienstag bin ich der Welt ein Prophet,
verkünde, wie Himmel und Erde vergeht."

„Ach Sohn, du liebster Jesu mein,
was wirst du am heiligen Mittwoch sein?"
„Am Mittwoch bin ich gar arm und gering,
verkauft um dreißig Silberling."

„Ach Sohn, du liebster Jesu mein,
was wirst du am heiligen Donnerstag sein?“
„Am Donnerstag bin ich im Speisesaal
das Opferlamm bei dem Abendmahl.“

„Ach Sohn, mein liebster Jesu mein,
was wirst du am heiligen Freitag sein?“
„Ach Mutter, ach liebste Mutter mein,
könnt dir der Freitag verborgen sein!“

„Ach Sohn, du liebster Jesu mein,
was wirst du am heiligen Samstag sein?“
„Am Samstag bin ich ein Weizenkorn,
das in der Erde wird neu geborn.

Und am Sonntag – freu dich, o Mutter mein! –
dann werd ich vom Tode erstanden sein:
Dann trag ich das Kreuz mit der Fahn in der Hand,
dann siehst du mich wieder im Glorienstand.“

Volksgut

Gründonnerstag

MUSS MAN SICH am Gründonnerstag grün anziehen oder gar die Haare grün färben, wie es manche Patrioten am St. Patrick's Day, dem Nationalfeiertag der Iren, machen? Nein. Der Gründonnerstag hat nur bedingt etwas mit der Farbe Grün zu tun. Im Vordergrund steht, dass an diesem Tag an das Letzte Abendmahl gedacht wird, bei dem Jesus mit seinen Jüngern das Osterlamm aß und Brot und Wein teilte. Mit der Erinnerung an den Tod wird zugleich auf die Auferstehung und das Weiterleben Christi hingedeutet. Jesus forderte seine Jünger auf, fortan gemeinsam das Abendmahl zu feiern. Der Gründonnerstag wird als Ursprung aller Abendmahlsfeiern angesehen.

Die Geschehnisse am Tag vor Christi Tod am Kreuz bestimmen noch heute die üblichen Bräuche. An diesem Tag fand nämlich die Aussöhnung mit den am Aschermittwoch ausgeschlossenen Büßern statt, den Greinenden, Weinenden (*grunen*, althochdeutsch für weinen). Aus Greindonnerstag wurde dann Gründonnerstag.

Die Fußwaschung erinnert uns an den Dienst, den Christus den zwölf Aposteln erwies, als einen Liebesdienst, den auch wir einander leisten sollen. Deshalb bringen die Gläubigen zum Abendmahl ihre Spende für die Armen. Zur Vertiefung der Verkündigung kann der Priester an Vertretern der Gemeinde die Fußwaschung vornehmen.

Heute wird der Gründonnerstag mit der Farbe Grün assoziiert: vielleicht gestützt durch die grünen Messgewänder, die beim Gottesdienst getragen wurden, oder von der Bedeutung der Farbe Grün als Symbol für die Hoffnung.

In vielen Familien wird daher etwas Grünes gegessen, etwa Spinat oder anderes grünes Gemüse, das die Frische und Kraft des Frühlings verleihen soll, häufig auch Gerichte mit grünen Soßen aus sieben, neun oder zwölf verschiedenen Kräutern, die das ganze Jahr vor Krankheiten schützen sollen. Ursprung ist wohl die heidnische Sitte, nach der zu Ehren des Donnergottes Thor (*Donar*) Nesseln mit grünem Kohl gegessen wurden.

Die Eier, die am Gründonnerstag gelegt werden, seien besonders heilkräftig, sagt man. Sie werden für Ostern aufgespart und in der Kirche geweiht. Die Gründonnerstagseier, auch „Antlass-Eier" (*antlâz*, mittelhochdeutsch für Ablass, Befreiung) genannt, sollen das ganze Jahr über frisch bleiben.

In der katholischen Kirche verstummen Orgel und Glocken nach dem „Gloria in excelsis" zur Erinnerung an Christi Qualen und Tod. Der Volksmund sagt, die Glocken fliegen nach Rom. In katholischen Gegenden Österreichs und Bayerns wird am Gründonnerstag der Altar angebetet, der von den Priestern verhüllt wurde.

Grüne Kräutersoße

2 hart gekochte Eier, 1 Gewürzgurke,
1 kleine Zwiebel, 1 EL Kapern,
4–5 EL Kräuter (Petersilie, Dill, Kerbel,
Zitronenmelisse, Estragon,
Liebstöckel, Schnittlauch),
4–5 EL Öl,
2–3 EL Weinessig pur oder
mit Zitronensaft gemischt,
2 EL kalte Fleischbrühe,
2 EL Weißwein, 1–2 TL Senf,
Salz, frisch gemahlener weißer Pfeffer

EIER UND GURKE klein würfeln. Zwiebeln, Kapern und gewaschene und getrocknete Kräuter sehr fein wiegen. Schnittlauch in feine Röllchen schneiden. Öl mit Essig (und Zitronensaft), Fleischbrühe, Weißwein und Senf sowie Salz in einem Schüttelbecher mindestens 2 Minuten gut vermengen. Mit dem Pfeffer und Salz pikant abschmecken.

Die Grüne Kräutersoße eignet sich zu kaltem Fleisch ebenso wie zu neuen Kartoffeln, hart gekochten Eiern oder grünem Blattsalat.

Spinatküchlein

500 g Spinat (frisch oder gefroren),
4–5 Eier,
4 EL Mehl,
1 Prise Salz, Paniermehl,
½ Zwiebel,
je 1 Prise Majoran und Muskat

FRISCHEN SPINAT VERLESEN, waschen, in wenig Wasser blanchieren und im Mixer pürieren; gefrorenen Spinat rasch auftauen lassen. Die Eier trennen, die Zwiebel reiben.

Das Gemüsepüree mit Eigelb, Mehl, Paniermehl, Zwiebel und den Kräutern verrühren, steifen Eischnee unterheben und mit Salz abschmecken.

Fett oder Öl in einer Pfanne erhitzen, mit einem Esslöffel kleine Küchlein in die Pfanne legen, flach drücken und bei mäßiger Hitze auf beiden Seiten backen. Dazu schmeckt ein Salat.

Karfreitag

FÜR DIE PROTESTANTISCHEN CHRISTEN ist der Karfreitag, Martin Luther nannte ihn „Guten Freitag", der höchste Feiertag im Kirchenjahr. Für katholische Christen ist er der Passionstag, an dem Glocken und Orgel schweigen und der Altar dunkel verhängt wird. Die Enthüllung und Verehrung des Kreuzes steht im Mittelpunkt. In manchen Kirchen wird das Heilige Grab aufgestellt, wobei um die verschleierte Monstranz ein Gärtchen aus Blumen, Zweigen und anderen Zierelementen erstellt wird. Sie sind das Ziel vieler Karfreitagswallfahrer, etwa in Oberfranken.

Früher trugen die Priester nur schwarze oder violette Gewänder zum Karfreitagsgottesdienst. Heute dominiert zum Zeichen des Martyriums, aber auch der Erlösung die Farbe Rot. Den Todestag Jesu Christi bestimmen Trauer, Stille und Besinnung. Statt der Kirchenlieder werden Trauergesänge angestimmt, Karfreitagsprozessionen, -wallfahrten und Friedhofsbesuche stehen ganz im Zeichen der Trauer. Alle Christen gedenken des Erlösungstodes Christi. Manche Gläubige ziehen von Kirche zu Kirche oder Kapelle um vor jedem Grab zu beten. Andere besuchen Passionswege um vor jeder Kreuzwegstation ein Gebet zu sprechen, wieder andere finden sich zur Karfreitagsprozession zusammen. In Bensheim an der Bergstraße zieht an Karfreitag eine Prozession von 80 Mitwirkenden, gesäumt von einigen Tausend Zuschauern, vom Bürgerhaus zum Marktplatz. An vier Stationen werden Jesu Festnahme, seine Vorführung sowie seine Kreuzigung dargestellt. Die Bensheimer Passionsspiele rief ein Neapolitaner vor über 20 Jahren ins Leben.

Viele Bräuche und mancher Aberglaube haben sich bis heute erhalten. So sagte man früher, es bringe Unglück, Wäsche nach draußen zu hängen. Handwerkliche Arbeiten mit Werkzeugen, die an Jesu Marter erinnern könnten, werden unterlassen. Jedoch sollen Arbeiten im Obstgarten die Fruchtbarkeit der Bäume steigern. Dem Verbot der Arbeit trägt auch der Gesetzgeber Rechnung, der den Karfreitag zum gesetzlichen Feiertag in Deutschland, Österreich, der Schweiz und in vielen anderen Ländern ernannt hat.

In der Nacht von Gründonnerstag auf Karfreitag fand und findet noch heute die Kalvarienberg-Anbetung statt. Dazu trifft sich die Gemeinde vor Mitternacht zum nächtlichen Gebet. In manchen Orten wird die ganze Nacht durchwacht, wobei sich einzelne Gruppen abwechseln. In Süddeutschland und Österreich löschte man an Karfreitag das Herdfeuer um es erst in der Osternacht am Osterfeuer wieder anzuzünden.

Karfreitag ist ein strenger Fastentag, an dem die Gläubigen nur fleischlose Gerichte zu sich nehmen sollen. In vielen Familien gibt es ein traditionelles Fischgericht, aber auch Pellkartoffeln und Quark sind sehr beliebt. Die Karfreitagsbrezeln symbolisieren die Fesseln Christi. In Tirol gab es den Ölkuchen aus Hanf-, Lein- und Rapsöl gebacken, da der Verzehr von Butter (Tierfett) erst wieder zu Ostern erlaubt war. In England gibt es an *Good Friday* so genannte Kreuzbrote, wie sie schon bei den Frühlingsfesten der Griechen, Angelsachsen und Römer nachgewiesen sind. Diese haben ihre Weizenbrote als Schutz gegen Krankheit und Feuer das ganze Jahr über aufgehoben. Auch heute ist es noch Sitte, an Karfreitag morgens frisches Brot zu backen.

In der Bretagne wurden an Karfreitag Veilchen ausgesät zur Erinnerung an Persephone, die Tochter von Zeus und Demeter, die ein Drittel des Jahres bei Hades in der Unterwelt leben musste und jedes Frühjahr, wie die Veilchen, in die Oberwelt entlassen wurde.

In manchen Familien, vor allem in Schwaben und Franken, fertigen die Kinder am Karfreitag ein kleines „Hasengärtchen“, indem sie ein Stück Rasen oder ein bisschen Moos aus dem Wald ausheben und in ein Körbchen legen. Dies wird mit bunten Blumen geschmückt und am Rand mit schönen Steinchen gesäumt. Das Hasengärtchen stellt man auf den Balkon, auf die Terrasse oder in den Garten. In Nürnberg gab es sogar Hasengärtlein auf Rädern.

Wiener Fastensuppe

200 g Süßwasserfischfilet,
Salz, Pfeffer, 40 g Butter,
3 Eigelb von hart gekochten Eiern,
3 altbackene Semmeln ohne Rinde,
1 l Fischsud,
Schnittlauch oder Petersilie

DAS FISCHFLEISCH in kleine Würfel schneiden, salzen, pfeffern und kurz in der Butter anbraten. Eigelb zerdrücken und darüber streuen. In einem Topf heißen Fischsud über die zerpflückten Semmeln gießen und kurz einkochen lassen.

Mit den Fischstücken und dem Eigelb zusammen kurz aufkochen. Vor dem Servieren Petersilie oder Schnittlauch überstreuen.

Karsamstag

IN DER OSTKIRCHE gehört der Karsamstag bereits zur Osterfeier dazu. Man begrüßt sich mit den Worten „Christus ist erstanden" und gibt sich gegenseitig den Osterkuss. In der katholischen Kirche findet die Feier der Osternacht zwischen Sonnenuntergang am Karsamstag und Sonnenaufgang am Ostersonntag statt. Schließlich ist auch Christus erst im Morgengrauen des Ostertages aus seinem Grab auferstanden.

Das Fest der Osternacht besteht aus den vier liturgischen Elementen Lichtfeier, Wortgottesdienst, Taufe und Eucharistiefeier. Bei der Lichtfeier wird das vor der Kirche entzündete Osterfeuer gesegnet. Manchmal schlägt man es aus einem Stein in Erinnerung daran, dass Jesus gleich einem Funken aus dem verschlossenen Steingrab herausgebrochen ist. Die am Osterfeuer entzündete Osterkerze wird in feierlicher Prozession in die dunkle Kirche getragen. Alle Lichter sind erloschen zum Zeichen für das Ende des Alten Bundes und seine Erneuerung durch Jesus Christus. Nun zünden alle Christen ihre mitgebrachten Kerzen an der Osterkerze an und beginnen mit dem österlichen Jubelgesang.

Die Osterkerze, das wichtigste Symbol des christlichen Osterfestes, steht bis zum Himmelfahrtstag in einem eigenen Leuchter neben dem Hochaltar und wird bei jeder Messe angezündet. Die Gläubigen tragen ihre Osterkerzen nach Hause und bewahren sie gut auf. Es ist Brauch, sie im Laufe des Jahres bei Not oder Krankheit erneut anzuzünden. Im Alpenland bringen die Kinder das Osterlicht brennend nach Hause. Manchmal wird es dabei in einer Laterne transportiert. In Süddeutschland und in Österreich dient das Osterfeuer dazu, das am Gründonnerstag gelöschte Herdfeuer neu zu entzünden.

Während des zweiten Teils der Osternacht, des Wortgottesdienstes, werden zwei Texte aus dem Alten und einer aus dem Neuen Testament verlesen.

Die anschließende Tauffeier hat ihren Ursprung in der Frühzeit des Christentums, als Ostern der große Tauftag war. Heute noch werden viele Kinder in der Osternacht mit dem gerade geweihten Taufwasser getauft. Da früher alle Erwachsenen nur an zwei Tagen im Jahr, nämlich an Ostern oder Pfingsten, getauft wurden, hieß der Karsamstag auch „Taufsamstag“. Bis heute tragen manche Gläubige das geweihte Wasser nach Hause um übers Jahr damit ihr Weihwasserbecken zu füllen. Früher gab man es manchmal den Kindern, die schlecht geträumt hatten. Nach dem „Gloria“ erklingen die Kirchenglocken wieder, die der Legende nach aus Rom zurückgekehrt sind um den Jubel über Christi Auferstehung kundzutun. Auch die Orgel spielt seit Gründonnerstag nun zum ersten Mal wieder.

In der Eucharistiefeier, dem Schlussteil der Osternacht, wird die 40-tägige Fastenzeit beendet. Speisen wie Brot, Eier, Fleisch und Salz werden gesegnet.

Die nächtliche Auferstehungsfeier gibt es schon seit jeher beim orthodoxen Osterfest in Russland und ganz Osteuropa. Neben der Osterkerze werden dort der braune *Kulitsch*, ein reichhaltiger Osterkuchen aus Hefeteig mit Rosinen und Mandeln, der in einer zylindrischen Form gebacken wird und die Erde symbolisiert, die weiße *Pas'cha*, eine Quarkspeise, die für das Licht steht, sowie die an Karfreitag bemalten Ostereier mit zur Messe gebracht und geweiht.

Karsamstag ist der Tag des Eierfärbens, weshalb er in Russland „Färbersamstag" heißt, und der Tag des Backens. So hieß er dann an der norddeutschen Küste auch „Kaukenbackensonnabend". Es gibt verschiedene Traditionen von Gebildbroten oder -gebäcken, die früher eher das Osterlamm, heute vor allem den Osterhasen abbilden. Bis heute sind viele regionale Rezeptvarianten erhalten geblieben. Im Allgäu schnitt man, da das geweihte Brot sehr viel Kraft besitzen soll, aus der Brotrinde Kreuze. Man steckte sie unter die Stalltür um das Vieh vor bösen Geistern zu schützen.

Karsamstag ist in vielen Haushalten der Termin für den sprichwörtlichen Osterputz. Das Haus wird gescheuert und anschließend festlich geschmückt.

Osterhäslein

DRUNTEN an der Gartenmauern
hab ich sehn das Häslein lauern.
Eins, zwei, drei –
legt's ein Ei,
lang wird's nimmer dauern.
Kinder, lasst uns niederducken!
Seht ihr's ängstlich um sich gucken? –
Ei, da hüpft's –
und dort schlüpft's
durch die Mauerlucken.
Und nun sucht in allen Ecken,
wo die schönen Eier stecken:
rot und blau,
grün und grau
und mit Marmelflecken.

Friedrich Güll

Griechisches Osterbrot

Teig: 600 g Mehl,
1 Würfel Hefe (42 g), 100 g Zucker,
7 EL lauwarmes Wasser, 1 Prise Salz,
abgeriebene Zitronenschale,
50 g gehacktes Zitronat,
½ TL Anispulver, 125 g weiche Butter,
7 EL lauwarme Milch
Belag: 5 rot gefärbte, hart gekochte Eier,
etwas Olivenöl,
1 Eigelb, 2 EL Sesam

IN DIE MITTE DES MEHLS die Hefe bröckeln. Mit Zucker, Wasser und etwas Mehl zu einem Vorteig verrühren und 15 Minuten gehen lassen. Die übrigen Zutaten untermischen. Teig gut durchkneten und 3–4 Stunden gehen lassen. Dann noch einmal gut durchkneten und in drei gleich große und eine größere Portion teilen. Aus den 3 Strängen einen Zopf flechten, den dickeren Strang darauf legen und etwas andrücken. Für die mit Olivenöl eingestrichenen Eier werden Mulden in den mittleren Strang gedrückt und die Eier hineingelegt. Nun den Zopf zugedeckt 20 Minuten gehen lassen, mit verquirltem Eigelb bestreichen, mit Sesam bestreuen und 40–45 Minuten bei 180 °C backen.

Russische Pas'cha

1 kg Magerquark, 1 Msp Salz,
125 g weiche Butter,
5 Eier, ¼ l saure Sahne,
1 Tasse Rosinen, 200 g Zucker,
abgeriebene Zitronenschale,
1 Tasse abgezogene gehackte Mandeln,
je 1 EL fein gehacktes Zitronat und Orangeat
Verzierung: 12 Belegkirschen,
50 g abgezogene Mandeln,
Zitronat und Orangeat

DEN QUARK gut auspressen. Die Butter schaumig rühren und mit Salz, Eiern, saurer Sahne und Quark in einen Topf geben. Die Masse unter ständigem Rühren erhitzen, sie darf auf keinen Fall kochen. Sobald sich Bläschen zeigen, den Topf vom Herd nehmen und die Masse unter Rühren erkalten lassen. Die Rosinen waschen, abtrocknen und mit den restlichen Zutaten unterheben. Einen hohen Blumentopf (mit Loch) mit einem Mulltuch auslegen. Die Quarkmasse hineinfüllen und festdrücken. Das Ganze mit einem Teller beschweren, auf dem ein Gewicht liegt. Die Pas'cha 12 Stunden kühl stellen, vor dem Servieren stürzen und mit Kirschen, Mandeln, Zitronat und Orangeat verzieren.

Osterfeuer

BEREITS BEI DEN GERMANEN wurden zur Zeit der Tagundnachtgleiche Frühlingsfeuer entzündet um mit ihrer Wärme die Natur zu neuem Leben zu erwecken. Dieser Brauch ist bis heute in vielen Landstrichen erhalten geblieben. Am Karsamstag oder Ostersonntag kann man landauf, landab auf Hügeln und an Flüssen Osterfeuer sehen. Sie werden auch „Judasfeuer“ genannt, da häufig eine Strohpuppe, ein Judas, mit verbrannt wird. Früher wurde mit dem Feuer der Winter ausgetrieben.

An der Elbe, in Hamburg und im Alten Land sammeln Kinder und Jugendliche bereits ab Weihnachten brennbares Material und türmen es am Strand und entlang der Flüsse auf. Diese vielen, sich gegenseitig überbietenden Scheiterhaufen werden bei Einbruch der Dunkelheit abwechselnd auf der einen und der anderen Uferseite entzündet und zeigen ein beeindruckendes Bild. Seit über 500 Jahren heißen die Osterfeuer in Hamburg „Hildebrand“ oder „Heiliger Brand“ und sollen Hexen und anderes Übel abwehren.

Im Harz gab es den Brauch, dass die Kinder Material für das Feuer auf einer Anhöhe zusammentrugen. Mit dem Ruf „Die Kirche ist aus, gebt's Osterholz raus“ gingen sie von Haus zu Haus, um Holz- und Strohreste, Gerümpel und Teertonnen zu sammeln. An der Glut haben sie dann ihre selbst gefertigten Pechfackeln entzündet. Sie wurden in der Luft im

Kreis gedreht, sodass ein ansehnlicher Reigen zur Aufführung kam. In Wildemann im Harz häuft man das Feuerholz um einen riesigen Fichtenstamm, der „Ostermeiler" oder „Bockshorn" heißt. Wenn die jungen Männer des Ortes ihre Fackeln schließlich am Osterfeuer entzündet haben, schlagen sie in kreisenden Bewegungen Feuerräder.

Viel Aberglaube hat seinen Ursprung im Osterfeuer. So soll die Menge der Osterfeuer, die jemand gesehen hat, auch das Glück im folgenden Jahr mehren. Felder und Häuser, die vom Schein des Feuers beleuchtet wurden, galten als besonders gesegnet. Verkohlte Holzscheite, die man mit nach Hause nahm, sollten dieses vor Blitzschlag bewahren. Mit der Asche der Osterfeuer hat man die Felder bestreut um das Wachstum zu fördern. Eine angekohlte Fackel stellte man dem Vieh in das Trinkgefäß um es vor Krankheit zu schützen. Auch galt es als segensreich, über das verglühende Feuer zu springen. Zur Stärkung der Gesundheit rieb man den Kindern Asche ins Gesicht. Aus manchen angekohlten Holzscheiten wurden Kreuze geschnitzt, die an die vier Ecken eines Feldes oder im darauf folgenden Jahr in die Palmbuschen gesteckt wurden.

In Schlesien wanderte man nach der Karsamstagsmesse auf einen Hügel zum Feuer, aß und trank und erzählte bis zum Morgenrot. Nach dem Ruf „Christ ist erstanden, Halleluja!" gingen alle nach Hause.

Ostersonntag

FÜR DIE KATHOLISCHE KIRCHE ist Ostern das höchste Fest im Kirchenjahr. Es ist auch eines unserer ältesten Feste, wie die Bibel belegt. Im Alten Testament wird davon berichtet, wie beim Passah-Fest die Häuser der Israeliten verschont blieben, die mit dem Blut des Osterlammes gekennzeichnet waren. Dem schloss sich die Befreiung aus der Knechtschaft und der Auszug aus Ägypten an.

Im 4. Jahrhundert galt die christliche Osterfeier bereits als Fest der Feste. Es ist auch christliche Tradition, dass der Sonntag am Anfang der Woche steht und nicht wie beim jüdischen Sabbat die Woche beendet. Er ist der „Tag des Herrn", da am Sonntag die Frauen das Grab Christi leer vorgefunden haben. Für die Juden gilt, dass sich Gott am Sonntag, dem letzten Tag der Schöpfung, von seinem Werk ausruht. So hat es sich in der christlichen Tradition auch eingebürgert, die heilige Messe am Sonntag zu feiern.

Am Ostersonntag wird im Gottesdienst die Osterbotschaft verkündet: Obwohl alle wussten, dass Jesus am Kreuz gestorben war, traten seine Jünger in Jerusalem auf und erzählten, dass Gott Jesus auferweckt habe und sie ihn gesehen haben. Somit hat Gott das von Menschenhand gefällte Urteil verworfen und Jesus vom Tod befreit. Die Evangelisten berichten weiter, dass am dritten Tag drei Frauen zu Jesu Grab gekommen sind und es offen und leer vorgefunden haben.

Von einem Engel, einem Boten Gottes, erfuhren sie, dass der Gekreuzigte lebt. Deshalb feiern alle Christen in der ganzen Welt Ostern als Fest der Auferstehung und verbinden damit die Hoffnung, dass Gott die Menschen vom Tod befreien wird und ihnen neues Leben schenkt.

Rund um das Osterfest gibt es viel Brauchtum, das seit Jahrhunderten tradiert wurde. Heidnische und christliche Ursprünge finden sich gleichermaßen bei den österlichen Sitten und Bräuchen. Selbst die Wahl des Sonntags als Feiertag hat einen heidnischen Vorgänger: Die Heiden verehrten am Sonntag ihre Sonnengottheiten.

Auch die, die nicht gefastet haben, lassen es sich am Ostersonntag gerne schmecken. Und das fängt mit dem Osterfrühstück an. Bei den Gläubigen werden die in der Osternacht oder im Ostergottesdienst geweihten Osterspeisen – Meerrettich, Eier und Salz, Schinken und Speck wie auch der Osterfladen – auf den reich gedeckten Frühstückstisch gestellt. Nur wenn man das Geweihte nüchtern isst, wirkt der Segen, heißt es. Auch die Ostereier werden wohl in keiner Familie fehlen, ebenso wenig wie gebackene Osterlämmer, Osterhasen oder Osterkränze.

Das Osterlamm

DAS LAMM steht für Versöhnung, Unschuld und Demut. Es war eines der wichtigsten Opfertiere; man denke nur an Abel, der sein Lamm, und an Abraham, der einen Widder opferte. Beim Auszug aus Ägypten ist die Rede vom Passah-Lamm ebenso wie beim letzten Abendmahl von Jesus und seinen Jüngern.

Als Symbol für Christus findet man das Lamm schon sehr früh auf Grabinschriften in den Katakomben Roms, daneben auch die Attribute des guten Hirten, den Stab und den Milchkrug. Beide weisen ebenfalls auf Christus hin, der sowohl Hirte als auch Opferlamm war. Bis heute steht das Lamm als österliches Symbolgebäck auf vielen Osterfrühstückstischen, oft mit einem roten Halsband und einer Osterfahne verziert.

Auch der Lammbraten zu Ostern hat eine lange Tradition. Im Frühjahr müssen die Herden um die kleinen Böcke dezimiert werden um den Frieden zu bewahren. Bevorzugt werden dabei 30-40 Tage alte Tiere, deren zartes Fleisch im Frühjahr besonders gut schmeckt. Neben dem kräftig mit Kräutern und Knoblauch gewürzten Lammbraten eignet sich auch eine Haxe oder ein Eintopf mit grünen Bohnen als Ostermahlzeit. In Griechenland und den slawischen Ländern wird der ganze Hammel am Spieß gebraten, in Spanien meist nur die Hammelschulter. In Mecklenburg umlegt man das Osterlamm als Symbol für Jesus und seine Jünger mit zwölf Eiern.

Römische Lammkeule

1,5 kg Lammkeule, 2 Knoblauchzehen,
2 Tassen Paniermehl, 1 TL Salz,
1 Msp frisch gemahlener schwarzer Pfeffer,
3 EL gehackte Petersilie,
10 EL Olivenöl

DIE KEULE WASCHEN und gut trocken tupfen. Den Backofen auf 200 °C vorheizen. Die geschälten Knoblauchzehen grob schneiden und mit Salz zerdrücken, dann zu dem Paniermehl und der Petersilie geben und mit Salz und Pfeffer würzen. Nun so viel Öl hinzufügen, dass eine streichfähige Paste entsteht. Die Lammkeule mit Öl einreiben, in die Bratenpfanne legen und mit der Paste bestreichen. Das übrige Öl über das Fleisch träufeln.

Die Lammkeule im Backofen 1½ Stunden braten. Während des Bratens das Lamm immer wieder mit dem Fleischsaft begießen. Gegen Ende hin bei Bedarf heißes Wasser zugießen.

Besonders lecker ist es, wenn man in die Bratenpfanne genügend Fleischbrühe gießt, sodass man nach der halben Garzeit geschälte Kartoffeln hinzufügen kann. Sie nehmen beim Garen den würzigen Geschmack der Lammkeule an.

Das Osterei

BEI DEN CHINESEN, den Ägyptern und auch bei unseren germanischen Vorfahren galt das Ei in seiner vollkommenen Urform bereits vor 5000 Jahren als Symbol der Fruchtbarkeit und ewigen Wiederkehr des Lebens. Es wurde bunt bemalt zum Frühlingsbeginn verschenkt. Somit steht das Ei bis heute für neues Leben und symbolisiert im christlichen Sinne die Auferstehung. Da während der Fastenzeit keine Eier und Eierspeisen gegessen werden durften, die Hühner aber saisonbedingt besonders viele legten, folgte zur Osterzeit geradezu eine Eierschwemme. Diese vielen Eier wurden gesammelt und am Ostersonntag in der Kirche geweiht. Hübsch verziert oder bemalt, wurden sie nach langer Abstinenz verspeist und verschenkt. Auch war an Ostern früher der Stichtag für die Zinseier, mit denen man nach altdeutschem Eiergesetz den Grund- und Bodenzins erbrachte. Dies mag sich in der Sitte widerspiegeln, an Ostern Eier zu verschenken.

Seit dem 12. Jahrhundert wurden in West- und Mitteleuropa vorwiegend rot gefärbte Eier, die das Blut Christi symbolisieren, verschenkt. In Osteuropa war das goldfarbene Ei verbreitet. Das bemalte oder kunstvoll verzierte Ei wurde allmählich zum Ostersymbol schlechthin, wobei jedes Land eigene Techniken des Eierverzierens entwickelte.

Im 18. Jahrhundert fertigte der französische Goldschmied Fabergé für den Zaren Alexander III. sehr wertvolle Eier aus Gold, Silber, Email und Juwelen an. Die Russen verzierten Holzeier mit religiösen Motiven in der Art der Ikonenmalerei. Batikeier stammen aus Rumänien, Kratzeier aus Polen, Tschechien und der Slowakei, Metallapplikationen aus Ungarn, Porzellaneier aus Limoges in Frankreich, Emaileier aus Österreich und England, Glaseier aus Murano in Italien, Cloisonné-Eier und geschnitzte Eier aus China. Über 100 Ausstellungen und Märkte in Deutschland widmen sich alljährlich dem Thema Ostern. In Sonnenbühl, südlich von Stuttgart, entstand 1993 sogar ein Ostereier-Museum.

In Österreich wurden bis zum Ersten Weltkrieg alle Ostereier rot gefärbt und jedes Ostergeschenk als „Rotes Ei" bezeichnet. Als Liebesgabe erhielt das Osterei in manchen Gegenden durch seine Farbe eine bestimmte Bedeutung: Grün steht für Hoffnung, Blau für Treue, Gelb für Eifersucht, Schwarz für Trauer und Rot für die Liebe.

Dadurch, dass das Ei als Symbol für Jesu Opfertod und Auferstehung steht, erhält das Eierverschenken auch einen tiefen Sinn. So wurden die Eier in manchen Orten mit Engeln, dem Christkind, dem Lamm mit Friedensfahne oder mit dem Dreihasenbild für die Dreieinigkeit bemalt, manchmal auch mit einem Pelikan, der sein Junges mit dem eigenen Blut füttert.

Obwohl man heutzutage gefärbte Eier in jedem Supermarkt kaufen kann, gehört das österliche Eierfärben in vielen Familien zu den alljährlichen Vorbereitungen für das Osterfest. Will man dabei ganz natürlich vorgehen, kann man die Eier mit Pflanzenfarben färben: Mit Tee und Zwiebelschalen werden sie braun, mit Spinat- und Brennnesselblättern grün, mit Safran und Kümmel gelb, mit roten Rüben oder Rotkohl lila bis blau und mit Krappwurzel oder Rotholz (aus der Apotheke) rot. Der Farbsud entsteht aus den über Nacht eingelegten Kräutern, die man am nächsten Tag aufkocht. Die gekochten Eier legt man in den noch warmen Farbsud, rohe Eier können so lange mitkochen, wie man möchte. Anschließend kühlen sie im Wasser ab. Gibt man Essig hinzu, wird die Farbe intensiver. Wer die noch heißen Eier mit einer Speckschwarte einreibt, lässt sie schön glänzen. Zum Schmuck werden die Eier im Haus oder Garten an Osterbäumchen oder -sträucher gehängt.

Im 17. und 18. Jahrhundert war es üblich, in ein ausgeblasenes Ei ein Holzstäbchen mit einem hauchdünnen Zettelchen zu stecken. Darauf standenOstersprüche wie der folgende von Eduard Mörike:

DIE SOPHISTEN und die Pfaffen
stritten sich mit viel Geschrei:
Was hat Gott zuerst erschaffen,
wohl die Henne, wohl das Ei?
Wäre das so schwer zu lösen?
Erstlich war ein Ei erdacht,
doch weil noch kein Huhn gewesen,
Schatz, so hat's der Has gebracht.

Am meisten Spaß macht es, die versteckten Eier und Nester zu suchen. Die Eiersuche, in manchen Gegenden „Osterhasjagen" genannt, hat ihren Ursprung bei den Germanen. Sie vergruben die Eier in der Erde um die Fruchtbarkeit zu fördern. In der heutigen Zeit haben Zucker-, Schokoladen- oder Marzipanhasen und -eier Hochkonjunktur. In vielen Familien findet am Ostersonntag das Eiersuchen je nach Wetterlage drinnen oder draußen statt. In Hessen heißt es „dem Has läuten", wenn die Eiersuche beginnt. Und da stellt sich dann die Frage: Wer hat die Eier wohl versteckt?

O Welt in einem Ei

O WELT IM EI, von Haut
und Schale rings umgeben!
Wenn dich die Sonne schaut,
beginnt dein freieres Leben.
Dann lebst du, wie dein Ahne will,
als Strauß, als Fisch, als Krokodil,
als Huhn ein Mehrerwachen,
ein größeres Glück und größere Qual
in einem weiteren Oval.
Bis neue Schalen krachen.
O Welt in einem Ei,
wie Wichtiges entscheidet sich,
geht deine Wand entzwei.
Vielleicht verschlingt man, kocht man dich,
isst dich mit Senf, mit Kaviar
(Störs ungezählten Eiern!).
Und wenn sie Ostern feiern,
die dich verschlucken roh und gar,
dann lachen sie und spaßen
a conto Osterhasen.
Doch wer von ihnen denkt dabei
an dich, du Mikrowelt in einem Ei!?

Joachim Ringelnatz

Der Osterhase

WIE KONNTE DER HASE das Lamm als Ostersymbol verdrängen und zum Eierbringer werden? Im Paderborner Dom gibt es das berühmte mittelalterliche „Dreihasenfenster", bei dem drei Hasen, deren Ohren ein Dreieck bilden, im Kreis laufen. Das Besondere ist: Es sind drei Hasen und „der Ohren drei und doch hat jeder ihrer zwei". Dieses Bild fand sich als Symbol der göttlichen Dreieinigkeit auf vielen Ostereiern. So ging der Hase ins Ostergeschehen ein.

Ob er wegen seiner Fruchtbarkeit zum Eierlieferanten erklärt wurde? Bereits im 17. Jahrhundert gibt es Berichte von „Haseneiern", die der Hase gelegt und im Garten versteckt haben soll. Im 19. Jahrhundert hat sich der Osterhase dann ganz allmählich durchgesetzt gegen die Konkurrenz des Osterhahns in Schleswig-Holstein, Sachsen und Thüringen, der Himmelshenne und des Ostervogels in Kärnten, Tirol und im Odenwald und des Storchs aus der Rhön, dem Elsass und Thüringen. Im Solling, um Braunschweig, in der Schweiz und in der Altmark brachten der Kuckuck, der Kranich oder der Auerhahn die Eier, in Hessen, Westfalen, Hannover und Friesland der Fuchs. In Fulda trug der Palmesel die Eier aus, in Vorarlberg sogar der Nikolaus. Wer mehr zum Thema wissen will: In München gibt es seit 1996 das erste Osterhasen-Museum der Welt mit 1500 Exponaten von 1800 bis heute.

Ostermärchen

AM ABEND VOR GRÜNDONNERSTAG lag der kleine Fritz mit wachen Augen im Bett und konnte nicht einschlafen. Beständig musste er an morgen denken, wo er mit seinen Geschwistern – wie alle Jahre – Ostereier suchen würde. Wie viele es wohl sein und wie sie wohl aussehen und wie groß sie sein würden?

Während er noch darüber nachsann, hörte er plötzlich hinter sich ein feines Stimmchen seinen Namen rufen. Mehr erstaunt als erschreckt drehte er sich um und sah – einen kleinen Hasen auf dem Stuhl am Kopfende seines Bettes sitzen.

„Mein Name ist Kohlfraß", sagte das Häschen. „Darf ich dich zu einem Spaziergang einladen?"

Fritzchen wunderte sich zwar ein bisschen über den Einfall, jetzt spazieren zu gehen, erklärte sich aber bereit und folgte, nachdem er sich angezogen, dem Häschen, das im schnellen Lauf durch Zimmer und Vorsaal, die Treppe hinunter, zur Stadt hinaus, über Wiesen und Felder voraneilte. Schneller war Fritz noch nie gelaufen.

Endlich hielt sein Führer vor einem hohen Felsen. „Dies ist der Osterhasenpalast", sagte Kohlfraß. „Hier werden die Eier gefertigt, die wir Hasen dann in den Gärten und Stuben für artige Kinder verstecken. Eigentlich dürfen Kinder hier nicht hinein. Da du aber besonders brav gewesen bist, so will ich dir heute einmal alles zeigen." Hierauf zog das Häschen aus einem seiner Ohren ein Schlüsselchen hervor, das es in eine Felsritze steckte. Sogleich öffnete sich eine Tür und sie traten in einen finsteren Gang.

Plötzlich ward es hell und nun standen sie vor einem ungeheuren offenen Tor, durch das man in einen großen, hellen Saal schaute, der wieder in drei kleinere Säle abgeteilt war. (...) Die zwei traten nun in den ersten Saal. „Hier werden die Eier gelegt", erklärte Kohlfraß.

Fritzchen sah mit Staunen: Da kauerten Tausende von Hasen und Häschen am Fußboden, der mit weichem Moos belegt war. Sie hielten sämtlich die Vorderpfoten in die Seiten gestemmt und stöhnten und keuchten ganz schrecklich – das Leben musste doch sehr anstrengend sein! –, während der Eierhaufen neben einem jeden immer größer und größer wurde. Es waren auch Zuckerhasen darunter, die legten natürlich Zuckereier. Fritzchen sah auch welche aus Marzipan, Schokolade, ja aus Glas – sogar aus purem Gold! Ging einmal ein Ei entzwei, dann geschah etwas Schnurriges: Es schlüpfte nämlich sofort ein Häschen daraus, das sogleich fleißig mit legen half. Andere Hasen saßen auf Kohlblättern, große Farbtöpfe neben sich und Pinsel in den Pfoten. Fritzchen bemerkte, dass sie fast alle mit Farbklecksen bespritzt waren. Sie trugen große Brillen auf der Nase, ließen die Ohren hängen und taten sehr wichtig.

„Die Maler", erklärte Kohlfraß.

Fritzchen beobachtete mit Vergnügen, wie die langohrigen Künstler mit erstaunlicher Geschwindigkeit die Eier rot, gelb, blau und grün bepinselten, allerlei Figuren hineinkratzten und auf den Zucker- und Schokoladeneiern mittels kleiner Spritzen Herzen, Namenszüge und andere Formen aus Zuckerguss anbrachten. Die auf diese Weise fertig gestellten Eier wurden von anderen Hasen in den dritten Saal geschafft, wo sie sorgfältig mit Moos umhüllt, in Körbe gepackt und von Hasendienstmännern fortgetragen wurden.

Fritzchen war inzwischen von Kohlfraß in den dritten Saal vor den Osterkönig geführt worden. Dieser, ein Hase von riesenhafter Größe, saß in einer ungeheuren Eierschale, von einer Schar von Hasenhöflingen umgeben, die alle bei Fritzchens Eintreten aufsprangen und höflich Männchen machten (...). Seine Majestät hatte erstaunlich lange Ohren, die durch den ganzen Saal reichten und deren er sich ab und zu bediente, einem unfolgsamen Untertan eine Ohrfeige zu verabreichen.

Er redete übrigens Fritzchen sehr leutselig an, riet ihm, so brav zu bleiben wie bisher, und überreichte ihm ein Osterei.

Hoch erfreut wollte Fritzchen es entgegennehmen, erfasste es auch bereits, da – o weh! – entglitt es seiner Hand und zerschlug – klack! – auf dem Fußboden. Sogleich kamen eine Menge Hasen daraus hervor, sie fingen an zu legen und legen und legen … Im Nu war der ganze Boden mit Eiern bedeckt. Die Hasen aber legten weiter und immer weiter: Jetzt reichte der Eierhaufen schon bis an Fritzchens Schultern. Und mit einmal ward es ihm schwarz vor den Augen, ihn überkam eine furchtbare Angst, er schrie laut auf und – erwachte.

Er lag in seinem Bett: Alles war verschwunden, bis auf ein kleines Schokoladenei, das er in der Hand hielt. Darauf stand ein K und ein L: König Lampe.

Joachim Ringelnatz

Osterspiele

ES GIBT EINE VIELZAHL alter Spiele, die man bis heute an Ostern – am liebsten natürlich draußen in der ersten Frühlingssonne – genießt.

Beim Osterfrühstück etwa wird das Eiertitschen, -ticken, -kippen oder -detschen gespielt. Zwei Spieler schlagen je ein Ei mit der Spitze oder dem runden Ende gegeneinander. Wessen Ei heil bleibt, der bekommt das angeschlagene Ei dazu.

Beim Eierrollen von einem Hügel gewinnt derjenige alle übrigen Eier, dessen Ei am weitesten rollt. Beim Eierwerfen wird das gekochte Ei über ein Gebüsch geworfen. Wer am Schluss die meisten heil gebliebenen Eier hat, ist Sieger.

Der Eierwettlauf macht auch bei anderen Kinderfesten Spaß: Jedes Kind balanciert ein Ei auf einem Suppenlöffel und läuft, hüpft, krabbelt oder kriecht damit zum Ziel. Wer als Erster mit einem ganzen Ei ankommt, hat gewonnen.

Früher wurde oft Eierlesen oder Eierlaufen gespielt. Eine Gruppe, die Springer, musste im Nachbarort die Osterbrezeln abholen. Die andere Gruppe, die Sammler, sollte in der Nachbarschaft eine vorher vereinbarte Anzahl Eier erbitten. Welche Gruppe die Wiese, den „Osteranger“, als Erste erreichte, hatte gewonnen. Die Verlierer bereiteten aus den gesammelten Eiern mit den Brezeln ein Gericht. In manchen Gegenden wurden die Sammler von vermummten Gestalten gestört oder „Hexen“ versuchten die Eier zu stehlen.

In Braunschweig und Schleswig-Holstein wurde zum Königsballspiel ein König gewählt oder ausgezählt, dem alle Spieler die Ballwürfe und -schläge nachmachen mussten, die er vormachte. Laufball, auch Loepeball, wurde nach den Regeln von Schlagball auf dem Dorfanger gespielt. In Hannover und Westfalen hieß das Spiel auch „Feuerball“ oder „Kuhschwanz“.

In Pommern war es Brauch, aus ausgestochenen Rasenstücken ein Labyrinth zu legen, durch das am Ostersonntag die Kinder liefen oder hüpften. Wer's schaffte, wurde mit einem Osterei belohnt.

Osterwasser, Osterbrunnen und Osterbäumchen

VIELE BRÄUCHE sind über die Jahrhunderte hinweg entstanden, manche sind in Vergessenheit geraten, andere leben gerade heute wieder auf.

So hat das heidnische Symbol des Osterwassers als Heils- und Segensbringer bis in heutige Zeiten überlebt. Man sagt, es erhält jung und schön. Manches junge Mädchen mag vor allem auch hoffen, dass es schön wird, wenn es sich im fließenden Osterwasser wäscht oder das Osterwasser aus einer bestimmten Quelle schöpft und mit nach Hause nimmt. Das muss vor Sonnenaufgang geschehen – und das Wasser wird seine Wunderkraft nur behalten, wenn man es schweigend schöpft. Das hat natürlich die jungen Burschen dazu animiert, auch zur Quelle zu gehen und die Mädchen zum Lachen oder Sprechen zu bringen. Von da an hieß es auch „Plapperwasser".

In der wasserarmen Gegend der Fränkischen Schweiz gibt es eine Osterbrunnen-Tradition, die auf das frühe Mittelalter zurückgehen soll. Nach einem Rückgang in den 1950er Jahren – vermutlich wegen der zentralen Wasserversorgung – lebt dieser Brauch des Brunnenschmückens seit den 1980er Jahren mit über 200 Osterbrunnen wieder auf. Zunächst werden die Brunnen „gefegt", d.h. gesäubert, dann werden sie mit verzierten Eiern und bunten Papierbändern „geputzt". Sie bekommen Girlanden oder Kronen aus Fichtenzweigen, an denen die Eier und echter Blumenschmuck befestigt werden. Die Osterbrunnen sind meistens von Karfreitag bis zwei Wochen nach Ostern zu bewundern.

Weniger aufwändig, aber ein ganz spezieller Schmuck für zu Hause ist der klassische Osterbaum, der sich aus dem immergrünen Lebensbaum entwickelt hat. Der Osterbaum besteht aus einem senkrechten Vierkantholz von 50–60 cm Höhe und drei Querstäben von 30 cm, 25 cm und 20 cm Länge, wobei der unterste Stab auch der längste ist. Die Querstäbe werden mit Blumendraht oder Bast am Vierkantholz befestigt, das in einem mit Erde oder Sand gefüllten Blumentopf steckt (den man noch beliebig bepflanzen kann), und mit Buchsbaumzweigen und kleinen Schleifen oder Bändern geschmückt. Die zwölf Eier, die man an den Osterbaum hängt, symbolisieren die zwölf Monate des Jahres. Zur Krönung setzt man einen glänzenden roten Apfel oder eine Figur aus Salzteig obenauf.

Ostermontag

DA DER OSTERMONTAG hierzulande gesetzlicher Feiertag ist, lädt er bei gutem Wetter gerade dazu ein, einen Spaziergang zu machen. Die Natur ist erwacht, die ersten Blumen sprießen aus dem kalten Boden hervor, es gibt wieder allerlei zu entdecken.

Auf den Weg machten sich auch zwei Jünger Christi, die nach Emmaus gingen. Sie trauerten um Jesus und sprachen von ihm, als er unerkannt zu ihnen stieß. Erst als er beim Mahl das Brot brach, wussten sie, wer er war. Nun gingen sie hinaus um aller Welt von ihrem Erlebnis zu berichten. Für viele Gläubige findet der Osterspaziergang hier seinen Ursprung.

Am Ostermontag, auch „Menschertag" genannt, hatten früher die Frauen das Sagen. In Bayern war es Brauch, dass die jungen Burschen von ihrem Mädel rote Eier als Ostergeschenk abholten, sie ausführten und sich nach ihren Wünschen richteten. In Ostdeutschland fand die „Brunnentaufe" statt, bei der die noch nicht verlobten Mädchen am Brunnen von den Junggesellen mit Wasser bespritzt wurden. Die Mädchen mussten durch einen Jungen davon erlöst werden. In Hamburg gibt es heute wieder einen ähnlichen Brauch.

Christi Erscheinung in Emmaus

ZWEI TAGE SIND'S, dass Christus ausgelitten,
und traurig gehen auf betretnen Wegen
der Jünger zwei in düsteren Gesprächen;
da kommt der Herr zu ihnen hergeschritten.

Und unerkannt geht er in ihrer Mitten,
lehrt sie die heil'gen Bücher auszulegen.
So wandern sie dem nahen Ort entgegen
und treten endlich ein in seine Hütten.

Der Meister setzte sich zu ihnen nieder
und nahm das Brot und dankete und brach's.
Da ward es hell vor seiner Jünger Blicke

und sie erkannten den Messias wieder;
doch er verschwand. – Schnell kehrten sie zurücke
und priesen laut die Wunder dieses Tags.

Karl Theodor Körner

Ostern in aller Welt

ÜBERALL IN DER WELT gibt es ganz spezielle Osterbräuche. Hier nur eine kleine Auswahl:

In Griechenland findet in der Osternacht ein großes Feuerwerk statt, die Glocken läuten und die Kinder lassen Knallfrösche krachen. Beim anschließenden Festessen stoßen alle ihre roten Ostereier aneinander. In Italien schnappen sich die Kinder von dem mit Bändern geschmückten Osterbaum leckere Käsestücke mit dem Mund. In Spanien gibt es eine besondere Überraschung: Im Osterkuchen finden die Kinder ein Geschenk, das mitgebacken wurde. In England werden *Easter bonnets* gebastelt. Diese Osterhüte sind mit Eiern geschmückt oder sehen aus wie große Nester.

In Chile sammeln die Kinder mit einer Stoffpuppe, dem „Judas", Kleingeld. Nachdem die Puppe auf dem Dorfplatz aufgehängt und angezündet worden ist, fallen die Münzen klimpernd aus der Hosentasche des Verräters. Die Kinder danken dem Judas und kaufen sich Süßigkeiten.

In Madagaskar findet in der Osternacht ein Sängerwettbewerb statt, zu dem sich die Gruppen mit Trommeln und Gitarren auf dem Dorfplatz versammeln. Wer am schönsten musiziert, erhält einen jungen Ochsen, der nun von der Dorfgemeinschaft gemästet wird.

In Indien legen die Frauen vor der Haustür ein *Rangoli*. Das Osterbild, zum Beispiel ein Kreuz, wird aus dunklem Kuhdung als Hintergrund und weißem *Rangoli*-Puder gemacht. In Sri Lanka wird vor der Kirche ein Graben in Kreuzform aus dem Boden gehoben. Das darin aufgestapelte Holz wird dann als Osterfeuer entfacht.

Auf den Philippinen findet in der Osternacht traditionell die Taufe im Fluss statt. Die Getauften dürfen anschließend zum ersten Mal am Ostergottesdienst teilnehmen.

Weniger folkloristischen als vielmehr politischen Hintergrund hat die Ostermarschbewegung, die von der britischen Insel kommt. Sie formierte sich Ende der 50er Jahre aus Protest gegen das atomare Wettrüsten und etablierte sich in Deutschland vor allem in den 80er Jahren durch die Friedensbewegung und die Anhänger der „Grünen". In den 90er Jahren ging die Beteiligung an Ostermärschen erheblich zurück. Die Forderung der Ostermarschbewegung nach einem dauerhaften, gesicherten Weltfrieden ist allerdings nach wie vor hoch aktuell.